## Rund, mit Loch und fein belegt

*Erfunden von einem jüdischen Bäcker in Wien, in den USA ein Hit, treten Bagels jetzt ihren Siegeszug bei uns an!*
*Am besten schmecken sie selbstgemacht: Lauwarm und knusprig, direkt vom Blech weg, aus pikant oder süß gewürztem Teig – ohne Cholesterin und mit ganz wenig Fett! Köstlich belegt sind sie ein Supersnack für zwischendurch.*

**BAGELS**

# New York Bagel

Dieses Grundrezept wird auch auf Seite 18/19 beschrieben.

## Klassiker

Zutaten für 8 Stück:
500 g Mehl
2 TL Trockenhefe
1 1/2 EL Zucker
1 1/2 TL Salz
Mehl zum Arbeiten
Fett und Backpapier für das Backblech

- Vorbereitungszeit: 40 Min.
- Ruhezeiten: 1 1/4 Std.

Pro Stück etwa: 910 kJ/215 kcal

**Rosinen-Zimt-Bagel**
150 g normales Mehl durch Weizenvollkornmehl ersetzen und 80 g Rosinen sowie 1 TL Zimt hinzufügen. Alles gründlich durchkneten.

**1**

Das Mehl mit der Hefe mischen. Zucker, Salz und 340 ml Wasser hinzufügen, 10 Min. lang mit einem elektrischem Handrührgerät zu einem elastischen Teig rühren. Etwas Mehl über den Teig stäuben, abdecken und 40 Min. gehen lassen.

**2**

Den Teig zu 8 Kugeln formen und 5 Min. ruhen lassen (Seite 18).

**3**

Die Arbeitsfläche dünn mit Mehl bestäuben. Ein Backblech einfetten. Aus den Teigkugeln Bagels formen (Seite 18). Die Bagels mit ausreichendem Abstand (da sie noch aufgehen), nebeneinander auf das Blech legen. Mit einem Tuch bedecken und 30 Min. an einem warmen Platz gehen lassen.

**4**

Den Backofen auf 225° vorheizen. Ein Backblech mit Backpapier auslegen. In einen breiten Topf zu Dreiviertel Wasser füllen und zum Kochen bringen. Jeweils 2–3 Teiglinge mit der Oberseite nach unten in das kochende Wasser legen, etwa 30 Sek. ziehen lassen. Umdrehen und nochmals ziehen lassen (Seite 18). Mit einer Schaumkelle herausnehmen, kurz auf einem Küchentuch abtropfen lassen und auf das Blech legen (Seite18). Im Backofen (Mitte, Umluft 200°) in 20–25 Min. hellbraun backen. Lauwarm servieren.

# Vierkorn-Bagel

Kernig und würzig nussig im Geschmack.

## Herzhaft

Zutaten für 8 Stück:
200 g Weizenmehl
75 g Weizenvollkornmehl
50 g Dinkelvollkornmehl
50 g Haferflocken
50 g Sojaflocken
1 1/2 TL Trockenhefe
1 EL Zucker • 1 1/2 TL Salz
Mehl zum Arbeiten
Fett und Backpapier für das Backblech
Sonnenblumenkerne, Kürbiskerne,
Sesam-, Mohn- oder Leinsamen zum
Bestreuen

• Zubereitungszeit: 40 Min.
• Ruhezeiten: 1 1/4 Std.

Pro Stück etwa: 785 kJ/190 kcal

**1**

Die Mehle, Flocken und die Trockenhefe
in einer Rührschüssel mischen. Zucker,
Salz und 350 ml Wasser hinzufügen und
mit dem elektrischen Handrührgerät
alles 10 Min. miteinander verrühren, bis
ein elastischer Teig entsteht. Eventuell
noch etwas Wasser hinzufügen (nur
eßlöffelweise, und zwischendrin den
Teig erneut kneten), bis die gewünschte

Konsistenz erreicht ist. Etwas Mehl über
den Teig stäuben, abdecken und 40 Min.
gehen lassen.

**2**

Den Teig in 8 Portionen teilen und zu
Kugeln formen. 5 Min. ruhen lassen
(Seite 18).

**3**

Die Arbeitsfläche dünn mit Mehl bestreuen. Ein Backblech einfetten. Aus
den Teigkugeln Bagels formen (Seite
18). Die Bagels mit ausreichendem
Abstand (da sie noch aufgehen) nebeneinander auf das Blech legen. Mit
einem Tuch bedecken, 30 Min. an einem
warmen Platz gehen lassen.

**4**

In einen breiten Topf zu Dreiviertel
Wasser füllen und zum Kochen bringen.
Den Backofen auf 225° vorheizen. Ein
Backblech mit Backpapier auslegen.

**5**

Jeweils 2–3 Teiglinge zuerst mit der
Oberseite nach unten in das kochende
Wasser legen und etwa 30 Sek. gar ziehen lassen. Umdrehen und nochmals
ziehen lassen. Mit einer Schaumkelle
herausnehmen, kurz auf einem bereit-
gelegten Küchentuch abtropfen lassen
und auf das Backblech legen (Seite
18/19). Die Bagels natur belassen oder
mit Kernen oder Samen bestreuen,
diese leicht eindrücken. Im Backofen
(Mitte, Umluft 200°) in 20–25 Min. hellbraun backen. Lauwarm mit frischer
Butter genießen.

# Bagel mit Cream Cheese und Lachs

Die klassische Art, wie Bagels in den USA gegessen werden.

## Für Gäste

Zutaten für 4 Stück:
4 Bagels
200 g Doppelrahmfrischkäse
200 g geräucherter Lachs in Scheiben
etwas frischer Dill
weißer Pfeffer

• Zubereitungszeit: 15 Min.

Pro Stück etwa: 2110 kJ/505 kcal

**1**

Die Bagels quer aufschneiden und nach Belieben toasten. Falls sie nicht in die Toasterschlitze passen, verwenden Sie den Brötchenröstaufsatz (Seite 19). Etwas abkühlen lassen.

**2**

Den Frischkäse gleichmäßig auf die Bagelhälften verteilen. Den Dill waschen und trockentupfen, die Spitzen abzupfen.

**3**

Die Lachsscheiben auf die Bagelhälften legen. Mit Dill dekorieren, Pfeffer darüber mahlen und sofort servieren. Dazu passen gut gekühlter Weißwein oder Sekt.

Sie können auch **tiefgefrorene Bagels** im Toaster einfach auftauen und toasten. Dann aber vor dem Einfrieren quer durchschneiden.

# Blueberry-Bagel

Statt Heidelbeeren können Sie auch
Erdbeeren und Bananen verwenden.

## Läßt sich gut vorbereiten

Zutaten für 4 Stück:
4 Bagels
1 Zweig frische Zitronenmelisse
200 g Doppelrahmfrischkäse (Raum-
temperatur)
1 EL Ahornsirup (oder Honig; bei Ver-
wendung von Konfitüre weglassen!)
50 g frische Heidelbeeren (oder 3 EL
Heidelbeerkonfitüre)
150 g kalte Sahne
1 Päckchen Vanillezucker
2 EL ganze Heidelbeeren zum
Dekorieren

• Zubereitungszeit: 20 Min.

Pro Stück etwa: 2110 kJ/505 kcal

Ganz Eilige können auch alle Zutaten in
einen Blitzhacker geben, einige Male
drücken und fertig ist die Fruchtcreme.
Durch die pürierten Früchte kann sie zu
flüssig werden. Dann mit 1–2 TL gemah-
lenen Nüssen oder Kokosflocken an-
dicken oder 1–2 TL Gelatinepulver
(Instant) unterrühren.

**1**

Die Bagels mit einem Messer quer aufschneiden und nach Belieben toasten
(Seite 19). Zitronenmelisse waschen,
trockentupfen und einige Spitzen für
die Dekoration abzupfen.

**2**

Den zimmerwarmen Frischkäse mit dem
Ahornsirup verrühren, bis er schön cre-
mig ist.

**3**

In einer zweiten Schüssel die Hälfte der
frischen Heidelbeeren mit einer Gabel
leicht zerquetschen und  zusammen mit
den ganzen Beeren unter die Frischkä-
secreme rühren. Oder die Konfitüre
unterrühren.

**4**

Die Sahne halbsteif schlagen, den Vanillezucker darunterrühren und die Sahne
weiter schlagen, bis sie steif ist.

**5**

Die Bagelhälften mit der Heidelbeer-
Käse-Creme bestreichen. Etwas Schlag-
sahne darauf verteilen, mit frischen Hei-
delbeeren bestreuen und mit einigen
Zitronenmelisseblättern dekorieren.
Sofort servieren.

# Veggie-Bagel

Erfrischend für heiße Tage oder ein Vitaminstoß im Winter.

## Läßt sich gut vorbereiten

Zutaten für 4 Stück:
200 g Hüttenkäse
1 Dose Gemüsemais (340 g)
1 rote Paprikaschote
1 kleine rote Zwiebel
1 Bund Schnittlauch
1 Bund Petersilie
2 EL Essig
Pfeffer, Salz
2 Knoblauchzehen
4 Bagels

• Zubereitungszeit: 30 Min.

Pro Stück etwa: 2310 kJ/550 kcal

**Hüttenkäse mit Shrimps**
Fügen Sie noch 150 g gekochte Shrimps und/oder frische Sprossen (4 EL Kressesprossen, 1 Tasse Sojabohnensprossen oder 1 Tasse Weizensprossen) hinzu.

 **1**

Den Hüttenkäse in eine Schüssel geben. Den Mais gründlich abtropfen lassen. Das Gemüse waschen. Die Paprika mit einem Sparschäler schälen und quer durchschneiden. Stielansatz und Kerne entfernen und die Paprika in kleine Würfel schneiden.

 **2**

Die Zwiebel schälen, halbieren und in dünne Scheibchen schneiden. Den Schnittlauch verlesen, waschen und ganz fein schneiden. Die Petersilie waschen, die Blättchen von den Stielen zupfen und fein hacken.

**3**

Mais, Paprika, Zwiebel, Petersilie und Schnittlauch (bis auf 2 EL) unter den Hüttenkäse rühren. Mit Essig, Pfeffer und Salz nach Geschmack würzen. Gut umrühren, nochmals abschmecken und 10–20 Min. durchziehen lassen.

 **4**

Den Knoblauch schälen. Die Bagels quer durchschneiden und toasten (Seite 19). Die geröstete Schnittfläche mit den Knoblauchzehen einreiben.

 **5**

Den Hüttenkäsesalat auf die Bagelhälften häufen und etwas Schnittlauch darüber streuen. Sofort servieren.

# Mexikanischer Guacamole-Bagel

Guacamole schmeckt nicht nur als Dip, sondern auch als Aufstrich exzellent.

## Schmeckt nur ganz frisch

Zutaten für 4 Stück:
1 Tomate (etwa 100 g)
1 große reife Avocado
2 TL Zitronen- oder Limettensaft
1/2 Zwiebel (etwa 50 g)
1 EL Mayonnaise
1/2 Knoblauchzehe (oder 1/4 TL Knoblauchsalz)
Salz • Pfeffer
4 Bagels
ein paar Petersilienzweige
100 g Tortillachips

• Zubereitungszeit: 25 Min.

Pro Stück etwa: 1855 kJ/445 kcal

Die Tomate kurz in kochendes Wasser tauchen. Abschrecken, häuten und halbieren. Den Stielansatz und die Kerne entfernen. Das Fruchtfleisch in kleine Würfel schneiden.

**2**

Die Avocado längs halbieren, den Kern entfernen. Das Fruchtfleisch mit einem Löffel herauslösen und mit dem Zitronen- oder Limettensaft in einen Blitzhacker geben.

**3**

Die Zwiebel schälen, halbieren und die eine Hälfte grob würfeln. Mit der Mayonnaise in den Blitzhacker geben. Den Knoblauch schälen und dazupressen. Alles durchmixen. (Oder mit dem Pürierstab durchmischen.) Die Tomatenwürfel unterheben. Mit Salz und Pfeffer abschmecken.

**4**

Die Bagels quer halbieren und nach Belieben toasten (Seite 19). Die Guacamole auf die Hälften streichen und mit Tortillachips und Petersilienblättchen bestreut servieren.

Verwenden Sie für dieses Rezept nur reife Avocados. Eine Avocado ist reif, wenn sie bei leichtem Druck nachgibt.

# Tuna-Bagel

Ein fischiges Bagelerlebnis.

## Läßt sich gut vorbereiten

Zutaten für 4 Stück:
2 Eier
4 Bagels
1 Dose Thunfisch in Wasser oder im eigenen Saft (150 g)
1 kleine Dose Erbsen, sehr fein (212 ml)
1 kleine Zwiebel
1/2 rote Paprikaschote
1 Bund Schnittlauch
1 TL Senf
4 EL Mayonnaise
1/4 TL Kurkuma (Gelbwurz)
Salz • Pfeffer

Zubereitungszeit: 30 Min.

Pro Stück etwa: 2035 kJ/490 kcal

Verwenden Sie statt einer Dose Thunfisch 200 g gedünstetes Lachsfilet.

**1**

Die Eier hart kochen, abschrecken und abkühlen lassen.

**2**

Von jeder Bageloberseite eine ganz dünne Scheibe abschneiden. Jeden Bagel mit dem Finger von der Anschnittstelle her aushöhlen.

**3**

Den Thunfisch abtropfen lassen und in einer Schüssel mit zwei Gabeln in kleine Flocken zerzupfen. Erbsen abtropfen lassen. Die Zwiebel schälen und in kleine Würfelchen schneiden. Die Eier schälen und in kleine Stücke hacken. Die Paprikahälfte waschen, halbieren, Stielansatz und Kerne entfernen. Eine Hälfte in kleine Würfel schneiden, die andere Hälfte in feine Streifen schneiden (zum Dekorieren). Schnittlauch waschen und kleinschneiden.

**4**

Eier, Senf, Mayonnaise, Erbsen, Paprika, Schnittlauch (bis auf 2 EL) und den Kurkuma unter den Thunfisch rühren. Mit Salz und Pfeffer abschmecken. Mit Frischhaltefolie abdecken und durchziehen lassen.

**5**

Die ausgehöhlten Bagels mit dem Thunfischsalat füllen. Mit Paprikastreifen und etwas Schnittlauch verzieren. Sofort servieren.

# Grundrezept Bagels

**1** Aus dem Hefeteig 8 Kugeln formen und 5 Min. ruhen lassen. Das ist wichtig, weil sonst der Teig beim Formen reißt.

**3** So geht's auch: Einen bemehlten Finger durch die Mitte der Kugel bohren und das Loch durch kreisende Bewegungen erweitern. Es soll etwa 4 cm groß sein.

**2** Die Kugeln zu etwa 25 cm langen Strängen rollen und die Enden miteinander fest verbinden. Auf ein gefettetes Blech legen und 30 Min. gehen lassen.

**4** In kochendem Wasser die Bagels auf jeder Seite 30 Sek. ziehen lassen. Das Wasser muß dabei immer sprudelnd kochen. Bagels auf einem Tuch kurz abtropfen lassen.

# Grundrezept Bagels

**5** Die Bagels nebeneinander auf das mit Backpapier ausgelegte Backblech setzen. Nach Belieben mit Sesam, Mohn, grobem Salz oder Röstzwiebeln bestreuen.

**6** Nach 20–25 Min. bei 225° sind die Bagels fertig gebacken. Ganz frisch schmecken sie am besten.

# Kaviar-Bagel

**1** Die Bagels quer durchschneiden und im Toaster toasten. Wenn die Hälften nicht ins Gerät passen, den Brötchenaufsatz verwenden.

**2** Von hartgekochten Eiern die Enden abschneiden. Damit die Löcher der Bagelhälften verschließen. Wenn sie nicht halten, »kleben« Sie sie mit Frischkäse fest.

# Champignon-Bagel

Eine Köstlichkeit, die auch mit anderen Pilzsorten ein Renner ist.

## Gelingt leicht

Zutaten für 4 Stück:
500 g Champignons
3 Frühlingszwiebeln
3 Zweige frischer Thymian
3 EL Öl
Salz • Pfeffer
4 Bagels
8 Scheiben Emmentaler

• Zubereitungszeit: 30 Min.

Pro Stück etwa: 1875 kJ/450 kcal

 **1**

Die Champignons putzen und in Scheiben schneiden. Die Frühlingszwiebeln waschen, putzen und hacken. Den Thymian waschen und abtropfen lassen. Die kleinen Blättchen abzupfen.

 **2**

Den Backofen auf 220° vorheizen. In einer Pfanne das Öl erhitzen, die Zwiebeln darin glasig braten. Die Pilze unter häufigem Rühren bei mittlerer bis starker Hitze 5 Min. mitdünsten. Mit Thymian, Salz und Pfeffer abschmecken.

 **3**

Die Bagels quer aufschneiden. Auf den Bagelhälften die Pilze verteilen. Jede mit 1 Käsescheibe belegen und die Bagels im Ofen kurz überbacken, bis der Käse geschmolzen ist.

Verwenden Sie statt der Champignons Pfifferlinge, Austern- oder Steinpilze.

# Pizza-Bagel

Eine unwiderstehliche Komposition mit der selbstgekochten Tomatensauce.

## Schnell

Zutaten für 4 Stück:
4 Fleischtomaten (etwa 500 g)
1 Knoblauchzehe
1 Bund frisches Basilikum
2 EL Olivenöl
1/2 TL Oregano
Pfeffer • Salz
1 Zwiebel
2 Mozzarella (à 125 g)
4 Bagels
8 Scheiben Salami

• Zubereitungszeit: 30 Min.

Pro Portion etwa: 2100 kJ/500 kcal

Mit echtem Büffelmozzarella schmeckt es noch besser!
Wer es eilig hat, kann einfach fertige Spaghettisauce verwenden.

**1**

Die Tomaten kurz in kochendes Wasser legen, herausnehmen, abschrecken, häuten und halbieren. Stielansätze, Kerne und Saft entfernen. Das Tomatenfleisch klein hacken. Die Knoblauchzehe schälen und ebenfalls klein hacken. Basilikum waschen, die Blätter abzupfen, einige Blätter beiseite legen und den Rest kleinschneiden.

**2**

In einer Pfanne das Olivenöl erhitzen, den Knoblauch dazugeben und glasig werden lassen. Die Tomaten darin 10 Min. köcheln lassen, dabei ab und zu umrühren. Mit Basilikum, Oregano, Pfeffer und Salz abschmecken. Abkühlen lassen. Den Backofen auf 200° vorheizen.

**3**

Inzwischen die Zwiebel schälen. Den Mozzarella abtropfen lassen. Beides in dünne Scheiben schneiden.

**4**

Die Bagels quer aufschneiden und auf dem Blech auslegen. Mit je 1 Salamischeibe die Löcher abdecken. Die Bagelflächen mit der Tomatensauce bestreichen und kleingeschnittenes Basilikum darauf verteilen. Mit Käse belegen, einige Zwiebelringe darauf verteilen und im Backofen (Mitte, Umluft 180°) backen, bis der Käse geschmolzen ist. Mit den Basilikumblätter anrichten.

# Bagel-Burger

Ein saftiger Burger aus Hackfleisch und anderen knackig frischen Zutaten.

## Klassiker

Zutaten für 4 Stück:
400 g Rinderhackfleisch
Salz • Pfeffer
4 Salatblätter
1 Tomate
1 Zwiebel
1 große Gewürzgurke
4 Bagels
4 TL Mayonnaise
4 TL Ketchup
2 TL Senf
4 Scheiben Gouda

• Zubereitungszeit: 30 Min.

Pro Stück etwa: 2290 kJ/550 kcal

**1**

Das Hackfleisch salzen und pfeffern, leicht durchkneten und mit feuchten Händen daraus vier flache Hamburger (Fleischküchlein, Frikadellen) formen. Den Backofen (Stufe Grillen) vorheizen. Die Salatblätter waschen und trockentupfen. Die Tomate waschen, vom Stielansatz befreien und in Scheiben schneiden. Die Zwiebel schälen und in Ringe schneiden. Die Gewürzgurke schräg in möglichst große dünne Scheiben schneiden.

**2**

Die Hamburger im Backofen auf beiden Seiten 4 Min. grillen.

**3**

Die Bagels quer aufschneiden und toasten (Seite 19). Auf je 1 Bagelhälfte 1 TL Mayonnaise, auf die andere 1 TL Ketchup streichen und 1 dünne Gurkenscheibe darauf legen. Den Hamburger darauf legen, mit 1/2 TL Senf bestreichen, 2 Tomatenscheiben auflegen, einige Zwiebelringe darüber verteilen. Den Käse und 1 Salatblatt darauf legen, die zweite Bagelhälfte obendrauf und nun – hineinbeißen!

Mit Lammhackfleisch (vom türkischen Metzger) zubereitete Hamburger schmecken auf einem Bagel-Burger ganz köstlich.

# Kaviar-Bagel

Ein ganz besonderes Frühstück für Bagel-Fans.

## Schnell

Zutaten für 4 Stück:
4 Eier
1/2 Bund Schnittlauch
4 Bagels (normale oder Zwiebelbagels)
200 g Doppelrahmfrischkäse
8 EL Kaviar

• Zubereitungszeit: 20 Min.

Pro Stück etwa: 2165 kJ/520 kcal

**1**

Die Eier hart kochen, abschrecken und schälen. Abkühlen lassen und mit einem scharfen Messer in feine Scheiben schneiden.

**2**

Den Schnittlauch verlesen, waschen und ganz fein schneiden. Die Bagels quer aufschneiden, eventuell kurz toasten (Seite 19).

**3**

Jede Bagelhälfte mit Frischkäse bestreichen. Das Loch in der Mitte mit dem Anschnitt der Eier schließen (Seite 19). Mit etwas Frischkäse, wenn nötig, fixieren.

**4**

Die Eier kreisförmig, einander dachziegelartig überlappend, auf die Bagelhälften verteilen und leicht andrücken. In die Mitte je 1 EL Kaviar setzen, darum einen Ring aus Schnittlauch streuen. Dazu gibt es Sekt oder Champagner.

Statt echtem Kaviar können Sie auch Kaviarersatz, Forellenkaviar, Thunfisch oder Shrimps verwenden.

# Zugspitz-Bagel

Für Schleckermäuler...

## Gelingt leicht

Zutaten für 4 Stück:
4 Rosinen-Zimt-Bagels (Seite 4)
150 g kalte Sahne
1 Vanillezucker
2 Baisers
12–16 Kugeln Eiscreme (nach
Geschmack)
4 EL Schokoladensauce
4 EL Nußkrokant (oder bunte Schoko-
linsen)

• Zubereitungszeit: 20 Min.

Pro Stück etwa: 3965 kJ/950 kcal

**1**

Die Rosinen-Zimt-Bagels quer durchschneiden, toasten (Seite 19) und auskühlen lassen.

**2**

Die Sahne halbsteif schlagen, den Vanillezucker dazugeben und die Sahne weiter schlagen, bis sie steif ist. Die Baisers
in kleinere Stücke zerbröseln.

**3**

Auf jede untere Bagelhälfte 3–4 Eisku-
geln geben. Den Deckel aufsetzen.

**4**

Die Schlagsahne auf den Deckeln verteilen und mit Baiserkrümeln bestreuen.
Mit je 1 EL Schokoladensauce über-
gießen, mit Nußkrokant bestreuen und
servieren.

Dazu schmeckt ein **Fruchtsalat** aus
1 filetierten Orange , 1 Banane, 1 Apfel,
1 Granatapfel und 1 EL Rum.

# Weihnachtsbagel

Für die festliche Zeit des Jahres.

## Dekorativ

Zutaten für 8 Stück:
Für die Bagels:
2 EL Zitronat • 2 EL Orangeat
500 g Mehl
2 TL Trockenhefe • 1 1/2 EL Zucker
1 1/2 TL Salz
1 1/2 TL Lebkuchengewürz
40 g Rosinen • 2 TL Schokoladenpulver
50 g gemahlene Nüsse (oder gehackte
Pecan-Nüsse)
Mehl und etwas Fett zum Arbeiten
Fett, Mehl und Backpapier für das Backblech
Für die Glasur:
125 g Puderzucker
1 Eiweiß • Zitronensaft

• Zubereitungszeit: 40 Min.
• Ruhezeit: 1 1/4 Std.
• Backzeit: 20–25 Min.

Pro Stück etwa: 1480 kJ/355 kcal

Wenn die Bagels länger frisch bleiben
sollen, geben Sie dem Grundrezept
1 1/2 EL Öl dazu.

**1**

Zitronat und Orangeat fein hacken. Das
Mehl mit der Trockenhefe vermengen.
Zucker, Salz und 340 ml Wasser, Lebkuchengewürz, Rosinen, Zitronat, Orangeat, Schokoladenpulver und Nüsse hinzufügen, kurz durchkneten. Alles
10 Min. lang mit einem elektrischen
Handrührgerät verrühren, bis ein elastischer Teig entsteht.

**2**

Den Teig in eine Schüssel legen, etwas
Mehl darüber stäuben, mit Klarsichtfo-
lie abdecken und 40 Min. gehen lassen.

**3**

Aus diesem Teig nach dem Grundrezept
auf Seite 4 acht Bagels zubereiten, im
Wasser ziehen lassen. Den Backofen
gleichzeitig auf 225° vorheizen.

**4**

Die Bagels im Backofen bei 225° (Mitte,
Umluft 200°) 20–25 Min. backen, bis sie
hellbraun sind. Abkühlen lassen.

**5**

Den Puderzucker sieben und mit dem
Eiweiß gründlich verrühren. Tropfen-
weise Zitronensaft dazugeben, bis eine
spritzfähige Glasur entsteht. Aus Pergamentpapier eine Tüte formen (Seite 34).
Die Glasur einfüllen und die Tüte verschließen. Mit einer Schere die Spitze
abschneiden. Nun können Sie weih-
nachtliche Muster auf die Bagels sprit-
zen (Seite 34).

# Valentine-Bagel

Überraschen Sie Ihre Lieben mit einem Mega-Bagel oder einem Bagelherz.

## Dekorativ

Zutaten für 4 Stück:
Für die Bagels:
500 g Mehl
2 TL Trockenhefe
50 g Zucker
1 1/2 TL Salz
2–3 TL rote Speisefarbe
100 g rote Belegkirschen (geviertelt)
Mehl und etwas Fett zum Arbeiten
Fett, Mehl und Backpapier für das Backblech
Für die Glasur:
200 g Puderzucker
1 TL rote Speisefarbe
Zuckerherzen
4 Marzipanrosen

• Zubereitungszeit: 40 Min.
• Ruhezeiten: 1 1/4 Std.

Pro Stück etwa: 3180 kJ/760 kcal

Statt der 4 großen Bagels können Sie auch 16 kleine Valentine-Bagels backen und am Valentinstag an Freunde verschenken.

**1**

Aus den Zutaten für die Bagels den Teig nach dem Grundrezept (Seite 4) zubereiten und ruhen lassen.

**2**

Den Teig in 4 Stücke teilen. Daraus 4 cm dicke Stränge formen. Aus den Strängen 4 große Bagels formen (Seite 18; die einzige Grenze ist der Durchmesser Ihres größten Topfes).

**3**

Die Bagels ruhen lassen und wie im Grundrezept (Seite 4) beschrieben weiterarbeiten.

**4**

Den Herzbagel oder die großen Bagels im Backofen bei 225° (Mitte, Umluft 200°) 30 Min. backen, dann auskühlen lassen.

**5**

Für die Glasur den Puderzucker in eine kleine Schüssel sieben, die Speisefarbe hineinrühren und nur mit so viel heißem Wasser verrühren, daß eine dickflüssige Masse entsteht. Die Valentine-Bagels sofort mit der roten Puderzuckerglasur überziehen oder bestreichen und mit Zuckerherzen bestreuen und den Rosen verzieren. Sie können selbstverständlich auch fertig gekaufte Bagels verzieren (Seite 34).

## Weihnachtsbagel

**1** Aus Pergamentpapier eine kleine Tüte formen. Zuckergußglasur hinein-füllen und unten eine kleine Spitze abschneiden.

**2** Mit Zuckerguß und allen Zutaten, die Ihnen Spaß machen, die Weih-nachtsbagels verzieren. Hier sind weih-nachtliche Ornamente mit Zuckerperlen verziert.

## Bagel-Chips

**1** 2 alte Bagels vom Vortag in dünne Scheiben schneiden. 3-4 EL Olivenöl in einer Pfanne erhitzen. 2 Knoblauchze-hen in Stücke schneiden und leicht anschwitzen lassen.

**2** Den Knoblauch herausnehmen und die Bagelchips im Knoblauchöl bei mittlerer Hitze gleichmäßig bräunen. Das dauert 10 Min. Dabei mehrfach wenden.